DÉPÔT LÉGAL
MEURTHE & MOSELLE
N.º 476
1887

AF357198

PROJET DE FORT

SATISFAISANT

AUX EXIGENCES ACTUELLES

(1887)

Par A. J. VOORDUIN

LIEUTENANT-COLONEL DU GÉNIE NÉERLANDAIS

Traduit du hollandais par L. BERTRAND

CAPITAINE DU GÉNIE

(Extrait de la *Revue du génie militaire*)

AVEC 4 PLANCHES

PARIS

LIBRAIRIE MILITAIRE BERGER-LEVRAULT & Cie

Éditeurs de la *Revue du génie militaire*

5, rue des Beaux-Arts

MÊME MAISON A NANCY

1887

PROJET DE FORT

SATISFAISANT

AUX EXIGENCES ACTUELLES

(1887)

Par A. J. VOORDUIN

LIEUTENANT-COLONEL DU GÉNIE NÉERLANDAIS

Traduit du hollandais par L. BERTRAND

CAPITAINE DU GÉNIE

(Extrait de la *Revue du génie militaire*)

AVEC 4 PLANCHES

PARIS

LIBRAIRIE MILITAIRE BERGER-LEVRAULT & Cᵢₑ

Éditeurs de la *Revue du génie militaire*

5, rue des Beaux-Arts

MÊME MAISON A NANCY

—

1887

PROJET DE FORT

SATISFAISANT AUX EXIGENCES ACTUELLES [1887]

L'emploi des explosifs brisants dans le chargement des obus a entraîné une conséquence indéniable : c'est qu'il est désormais impossible de garder sur un rempart, à découvert, des pièces de position ou en réserve.

De même l'on ne pourra, dorénavant, se mettre convenablement à l'abri des bombes qu'à l'aide de cuirassements ou de constructions d'une résistance extraordinaire, et en tout cas extrêmement coûteuses, dont il faudra, tant sur le front que sur les flancs, descendre les fondations à de très grandes profondeurs, afin de mettre leurs locaux intérieurs à l'abri de l'action des explosifs.

Il faudra également organiser certaines parties des parapets et des banquettes d'infanterie en arrière, de manière qu'on puisse, en toute circonstance, y employer facilement des canons à tir rapide.

La meilleure manière d'atteindre ce but sera de les durcir, afin que, dans le cas d'un bombardement de quelque durée, on soit sûr de conserver encore certaines portions de ces parapets et de ces banquettes en état de servir.

Enfin, dans les constructions fortifiées de l'avenir, il faut, par raison d'économie, restreindre les dimensions sans sacrifier aucun des moyens accessoires pouvant contribuer à assurer l'action du feu ou la sécurité du défenseur.

Comment peut-on réaliser ces conditions, tout en se tenant dans des limites admissibles comme dépense? On va le montrer dans le projet ci-après, que l'auteur soumet à l'appréciation de ses camarades. C'est seulement en travaillant de concert, en se communiquant mutuellement le résultat de ses études, que l'on pourra arriver à une solution pratique — au point de vue technique comme à celui de la dépense — d'un problème aussi complexe.

Les dessins qui représentent les constructions en béton ne doivent être regardés que comme des esquisses. Il y a en effet une foule de points sur lesquels on ne sera fixé qu'après des expériences à échelle suffisante. Tels sont : l'épaisseur des voûtes en béton ; leur renforcement, s'il y a lieu, par addition de fer, de basalte, au-dessus, ou de poutres en fer au-dessous.

Dans la rédaction de ce projet, une idée a primé toutes les autres. Le prix des locaux à l'épreuve augmentera considérablement et atteindra peut-être des valeurs doubles de celles usitées jusqu'à présent. Il faut faire de fortes réductions sur les locaux d'habitation, magasins, etc.

Il convient alors, en principe, de relever les garnisons des forts à intervalles réguliers et rapprochés. Pour que les ouvertures restent libres, il faudra durcir sur une profondeur suffisante aussi leurs abords immédiats.

On a admis l'existence d'une communication télégraphique ou téléphonique, parfaitement abritée, entre les ouvrages formant un groupe ou un ensemble.

Enfin, on doit déclarer que l'on n'a pas le moins du monde l'intention de donner un type universel, étudié en tous détails et bon pour tous les cas, comme pour des forts d'arrêt ou d'inondation, etc. On s'est proposé simplement de donner au lecteur une idée claire de la manière dont on peut, en général, réaliser notre programme, que nous reproduisons ci-après.

Il est clair que des variations peu considérables dans les dimensions horizontales ne pourraient conduire à des impossibilités matérielles, ou tout au moins modifier notablement les prix, que ces variations soient imposées par des changements de calibre, par l'agrandissement de champs de tir, ou par des détails de construction des cuirassements ou des ouvrages en béton.

Ce projet a été rédigé en conformité absolue avec le programme d'organisation des forts modernes, que j'ai développé en commun avec les capitaines Scherer et Snijders, à l'occasion des expériences de Bucharest (¹), et que je vais reproduire ci-après, pour faciliter la comparaison.

Ce programme débutait ainsi :

« Voici les principes fondamentaux qui devraient, de
« l'avis des auteurs, régir la construction et l'armement
« des ouvrages de fortification permanente.

« I. — *Pour l'action du feu vers l'extérieur*. — Les pièces
« de position à ciel ouvert ne devraient plus faire partie de
« l'armement des forts. En leur place, on devrait employer :

« *a)* Dans les forts,

« Les pièces de position nécessaires établies dans des
« cuirassements fixes ou mobiles, et destinées surtout à
« commander le terrain en avant des batteries intermé-
« diaires et des forts voisins. Elles devront donc pouvoir
« viser directement tous les points de ce terrain.

« Elles devront aussi demeurer intactes jusqu'à la der-
« nière période du siège, et pour cela, elles seront placées
« de manière à n'être jamais exposées au feu direct de
« l'ennemi aux moyennes et aux petites distances, et par
« conséquent à être dérobées jusqu'au bout aux vues des
« batteries d'attaque. Toutefois, elles ne doivent pas être
« empêchées par leur installation de participer à la lutte
« contre les batteries ennemies de première position, ni de
« tirer aux grandes distances, ni de diriger un feu indi-
« rect là où ce sera nécessaire.

« Il est indispensable en outre que, pour la dernière

(¹) Voir la brochure : *Expériences de Bucharest*. Extrait du *Rapport de la commission néerlandaise*. Bruxelles, 1886. Vanderlinden.

« période du siège, les pièces établies dans des cuirasses
« conservent la faculté, après avoir été débarrassées du
« masque qui les protège, de diriger un feu direct et puis-
« sant contre les batteries d'attaque mêmes. A la vérité,
« ce sera là un suprême effort qui aura pour conséquence
« le sacrifice du cuirassement à échéance relativement
« courte.

« *b*) Hors des forts, entre eux ou à côté,

« L'artillerie restante disponible établie autant que
« possible, par raison d'économie, dans des batteries à ciel
« ouvert dérobées aux vues de l'ennemi et en partie déjà
« construites en temps de paix. »

Pour satisfaire aux conditions ci-dessus, on a (fig. 4, 5
et 6) adopté une coupole cuirassée tournante, pour deux
canons de moyen calibre, esquissée sommairement ici
d'après un projet de la maison Gruson. On s'est dispensé
de représenter complètement les affûts, les embra-
sures, etc.

Derrière cette tourelle se trouve un vestibule, dans le
sous-sol duquel débouchent d'un côté l'entrée, de l'autre
les latrines ; puis, plus en arrière, une batterie cuirassée
pour canons de moyen calibre. Cette batterie est, quant
au cuirassement frontal, organisée suivant les mêmes
principes que la *Casemate hollandaise*, c'est-à-dire que les
plaques, posées suivant une inclinaison de 55°, se rac-
cordent, à leur bord inférieur, avec des blocs d'acier
doux (*Flusseisen*), suivant l'intention primitive des inven-
teurs (¹).

Ici le toit est exclusivement constitué par des plaques
de cuirasse, de manière à mettre la construction à l'é-

(¹) Cette construction cuirassée, proposée par l'auteur du présent travail et par
le capitaine Scherer, se trouve discutée dans le 4e rapport de l'*Association pour l'é-
tude des sciences militaires* (séance du 23 décembre 1886). Elle consiste en gros
blocs de fonte pourvus de rainures dans lesquelles les plaques de cuirassement sont
introduites à froid. La partie des blocs qui fait saillie sur les plaques du côté de la
campagne est en fonte durcie. De cette manière on évite entièrement l'emploi de
boulons pour fixer les plaques, et les masses composant le système ont des poids
à peu près égaux. Cette organisation, peu coûteuse, a fait preuve d'une résistance
énorme.

preuve de la bombe, et en consolider, à leur partie supérieure, les plaques servant de paroi ; précaution indispensable, comme l'ont démontré les expériences de Bucharest.

Suivant le diamètre de la coupole perpendiculaire à la capitale de l'ouvrage s'étend, de chaque côté de celle-ci et en avant de la batterie cuirassée, une construction en béton. Du côté de la campagne elle est protégée par la terre, puis par une couche épaisse de matières résistantes, pierres dures, briques vitrifiées, déchets de basalte, vieux projectiles, etc.

Une bonnette en terre, qui surmonte cette construction du côté du front de tête, défile la coupole. En supposant des forts distants de 2 000 m sur un cercle de 8 km (pl. I), cette construction échappera non seulement aux vues, mais encore au feu d'une batterie ennemie placée à 1 000 m en avant de l'un des forts adjacents et sur le prolongement de la capitale.

Inversement, cette même coupole peut envoyer des feux directs jusqu'à cette distance en avant des forts adjacents et, plus loin, dans cette direction, ainsi que des deux côtés du fort, vers la gorge et en arrière.

Pour que la coupole puisse faire du tir indirect par-dessus la bonnette, il faut que le profil de cette dernière soit en relation avec le calibre des pièces. Il sera utile, en même temps, de donner à cette bonnette, au-dessus de la garniture en béton de ciment de l'avant-cuirasse, un relief tel qu'elle puisse servir de parapet pour l'infanterie dans le cas d'une attaque de vive force.

Quant à la batterie cuirassée, voici les conditions de son tracé. Comme la coupole, elle tire directement sur un point à 1 000 m en avant de chacun des forts adjacents, et plus loin dans ces directions, tandis qu'au-dessus de cette distance, l'une et l'autre sont dérobées aussi bien aux vues qu'aux feux directs de l'ennemi. En outre, jusqu'à 1 500 m on peut tirer à tir indirect en avant des forts adjacents et,

enfin, concentrer le feu de 6 pièces entre les forts, sur
une profondeur de 700 m, au milieu de leurs intervalles.

Suivant la capitale, chaque fort peut, de sa coupole,
donner des feux indirects à des portées grandes et moyennes, et à faible portée, avec des charges réduites. A
toute distance, on dispose, dans cette même direction,
des feux directs ou indirects des deux pièces constituant
l'armement des deux coupoles voisines situées de chaque
côté du fort ; et enfin, jusqu'à un point situé à 1 500 m
en avant du fort, du feu de 12 pièces sous batterie cuirassée ; ce qui donne, comme ensemble, en avant du fort,
l'action de 22 pièces sous ou derrière des cuirasses.

Les deux forts les plus voisins, dont la distance au
point indiqué, à 1 500 m en avant du fort du milieu, sera
de 2 650 m, auront leurs coupoles et leurs batteries cuirassées entièrement défilées aux vues et aux feux directs
de ce point.

Quant aux forts qui viennent ensuite, comme ils sont à
4 600 m de ce point, leur distance même les rendra diffi-
ciles à distinguer, et quelques herbes ou quelques brous-
sailles plantées sur les glacis les déroberont aux vues de
l'extérieur sans gêner celles des observateurs du fort.

Pour tout autre point, jusqu'à une distance de 1 500 m
de la ligne des forts, on dispose du feu d'au moins
14 pièces sous cuirasse, savoir : 8 provenant des quatre
coupoles voisines, et 6 des batteries cuirassées des deux
forts non immédiatement adjacents.

Pour l'observation du terrain, on a organisé un trou
d'homme dans la toiture cuirassée des coupoles et des
batteries.

Le § II, *a*, du programme est conçu dans les termes sui-
vants :

« II. — Pour la défense même des forts ou de leurs
« environs immédiats, il faudra :

« *a*) Les pourvoir d'installations réservées exclusive-
« ment à l'infanterie et aux canons légers (canons à tir

« rapide, etc.), qui devront battre en tous sens le terrain
« autour des forts, en avant des batteries voisines, etc.

« Ces installations devant être construites de manière
« qu'elles puissent autant que possible remplir leur rôle,
« même sous le feu que l'ennemi ne manquera pas de leur
« adresser, il faudra probablement les pourvoir en entier
« ou partiellement d'une cuirasse. »

Voici comment notre projet tient compte de ces conditions :

D'abord, on peut, des batteries cuirassées, croiser des
feux très énergiques sur les intervalles et en avant des
batteries annexes voisines. On peut en outre commander
l'intérieur des forts par un feu très efficace, de manière à
en déloger l'ennemi qui serait parvenu à s'y introduire.
Enfin, du côté de la gorge, on dispose des feux qui partent
de la face arrière de la batterie cuirassée, des locaux latéraux de la construction en béton, qui sont fermés à l'aide
de solides pare-éclats en fer, des fenêtres fermées par des
portes à coulisses en acier, et enfin des refuges dont il sera
parlé plus loin.

Tous ces emplacements sont bien protégés.

Pour battre, de tous les côtés, le terrain en avant et dans
le voisinage du fort, on a organisé (fig. 2 et 3) un parapet
renforcé par du béton, et dont la crête intérieure est à la
même cote que la surface supérieure de la bonnette qui
couvre la coupole.

Pour mettre en place et tirer des canons à tir rapide,
canons-revolvers, etc., on a scellé, de distance en distance,
sur le talus intérieur de ce parapet, de forts anneaux en
fer, et créé une solide banquette d'infanterie de largeur
suffisante avec revêtement en matière dure. De cette manière, même après un bombardement prolongé au moyen
d'obus-torpilles, on trouvera probablement toujours quelques parties du parapet encore en état de satisfaire à la
condition ci-dessus.

Les deux flancs de l'ouvrage sont organisés de la même

façon, à cela près que les crêtes sont à 1^m,80 et à 2^m,6(
plus bas, afin de pouvoir tirer par-dessus à pointage direct,
soit de la coupole, soit de la batterie cuirassée.

Enfin, le long de la gorge, on a établi un parapet qu
se trouve défilé par les précédents contre les coups direct
de l'ennemi.

Au point de rencontre des parapets de gorge et de flanc
et sous la banquette de ce dernier, on a créé un refuge
aussi bas que possible. Pour gagner de la hauteur, on l'a
recouvert au moyen d'une plaque de cuirasse, reposant su
un encadrement en fonte dure de dimensions convena
bles; idée très heureuse du capitaine du génie Snijders

À l'intérieur de l'espace limité par ces parapets, il
n'existe que des talus et des rampes à pente douce. Aussi
même si, en dépit de la faible profondeur du fort, il venai
à y tomber une série de projectiles à grande puissance
explosive, on pourrait encore s'en servir pour amener de
canons légers, à tir rapide. Pour les avoir sous la main
on les remisera dans des retours pratiqués sur les côté
des passages latéraux de la construction en béton, et fer
més, s'il y a lieu, par des portes légères en acier, à cou
lisse. On pourra encore affecter les refuges à cette desti
nation.

De même, pour conserver les armes à feu dans le voisi
nage immédiat des points où l'on aura à s'en servir, or
en mettra quelques-unes dans des niches ménagées dan
les parties en béton des parapets et que l'on couvrira ave
du fer.

Il suffit de jeter les yeux sur le plan de la figure 4, pou
voir les deux issues qui font communiquer la constructio
principale en béton avec les parties découvertes du fort
par l'intermédiaire de rampes, contiguës, l'une avec l
banquette élevée, l'autre avec la banquette basse. Ce
deux issues sont fermées par des portes à coulisse en acie
munies de créneaux et de lucarnes.

Notre programme parlait en ces termes du flanquement

« II, *b*. — Là où le flanquement des fossés ne saurait
« être absolument négligé, il faudra, à cet effet, des cui-
« rassements fixes ou mobiles, dans tous les cas où ces
« organes pourraient se trouver exposés au feu ennemi. »

La nature de notre pays nous permet de pourvoir
presque tous nos forts de fossés pleins d'eau, d'une grande
largeur et d'une profondeur suffisante. La dépense corres-
pondante ne sera qu'une fraction insignifiante du prix de
l'ensemble. Fréquemment aussi il arrivera, par suite de
l'existence avant ou dans le voisinage, de digues, de
chaussées, etc., que l'on pourra très facilement arranger
des batteries donnant sur le terrain immédiatement en
avant des ouvrages.

Dans le cas où ce moyen ferait défaut, on pourra se
conformer aux indications données par le lieutenant-colonel A. Kool, dans son intéressante étude : « Comment
« faut-il désormais construire nos fortifications » (¹), où il
avait en vue surtout le flanquement d'une tête de capon-
nière de revers, en organisant dans ce but les ailes ou
parties des batteries annexes situées le plus près de la
gorge. — Par suite de la grande puissance des pièces
actuelles, les deux moyens seront encore plus efficaces
que par le passé.

Les blindages en bois ne trouveront sans doute plus
guère d'emploi dans les forts, pour suppléer au manque
d'abris à l'épreuve ; ils n'ont plus assez de résistance.
Toutefois, lorsqu'il s'en trouvera de disponibles, on pourra
encore les employer utilement hors des forts pour loger
les munitions des batteries annexes ou flanquantes, pour
abriter temporairement des troupes, etc. Leur dispersion
et l'incertitude de leur emplacement suppléeront alors à
leur manque de résistance.

Souvent aussi, les terrains en avant des forts seront
inondés, ou simplement aquatiques, ou coupés de canaux,

______

(¹) *Militaire Gids*, 1887, 1ʳᵉ livraison.

de sorte qu'ils seront, sinon impossibles, du moins diffi-
ciles à traverser.

Enfin, comme l'on peut, après tout, organiser un service de garde en dehors de chaque ouvrage, sur terre
comme sur eau, et même sur la glace, et que les longueurs
de fossé à flanquer sont très faibles, on peut contester la
nécessité du flanquement.

Il faut noter, en outre, que de sa nature un ouvrage
cuirassé est pour ainsi dire à l'abri d'une attaque de vive
force. Il suffit que l'entrée soit fermée avec quelque soin
et convenablement flanquée, pour que personne ne réus-
sisse à entrer de force dans une construction qui ne présente aucune ouverture.

Nous réaliserons ainsi une économie d'autant plus im-
portante que désormais les fortifications de l'avenir nous
imposeront plus de sacrifices (¹).

Notre programme disait ensuite : « Plus que jamais, les
« forts sont destinés à constituer des points d'appui à l'abri
« d'une attaque de vive force ; il est donc nécessaire de
« soumettre leur construction à des exigences plus sévères
« sous ce rapport.

« Il est d'ailleurs plus difficile qu'autrefois de les mettre
« directement, par suite de leur organisation même, à
« l'abri des entreprises de vive force. Cela résulte de l'en-
« semble des conditions précédemment décrites.

« Il sera donc nécessaire de pouvoir disposer, dans le
« voisinage immédiat des forts et sur un large espace, des
« défenses accessoires suffisamment protégées contre les

____

(¹ Pour réaliser le flanquement, on peut naturellement employer un batardeau
crénelé en béton ou en maçonnerie, couvert par un solide musoir en terre ou en
béton, et renfermé entre deux murs de revêtement, du côté du fort et de l'autre
côté, pour le soustraire aux coups d'écharpe.

J'ai cru pouvoir présenter, en 1881, à l'autorité supérieure, un projet de ce
genre. Toutefois, en raison des dimensions considérables à donner à ce batardeau
de la nécessité dans laquelle on se trouverait probablement de le cuirasser, mais
surtout des difficultés de construction, de la dépense, et enfin de l'organisation
d'une entrée suffisamment couverte contre les feux verticaux, j'estime qu'il n'y a
plus lieu de s'y arrêter davantage. Il faut ajouter que par ce moyen l'on ne réussirait encore à battre qu'une bande étroite du fossé, dans le voisinage immédiat de la
berme.

« tentatives de destruction, et efficacement commandées
« par le feu de la place. »

En conséquence, on a fait précéder le bord du fossé par
un réseau de fils de fer de largeur suffisante (fig. 3), ou
par d'autres défenses accessoires équivalentes.

Ces défenses sont défilées autant que possible par un
glacis, tant aux vues qu'aux feux de l'ennemi.

Réseau et glacis sont disposés suivant la forme d'un
redan dyssymétrique (fig. 1) en avant du fort, de manière qu'ils se trouvent sous le feu des batteries voisines.

Enfin, sur le reste, le programme donnait les indications suivantes :

« L'organisation de tous les autres détails des forts de-
« vra être conduite de telle sorte que les besoins en abris,
« en locaux et en magasins à l'épreuve, etc., soient res-
« treints autant que possible, vu les difficultés énormes
« que présentera, dans l'avenir, l'exécution de construc-
« tions suffisamment à l'épreuve.

« Ce qui a été dit aux §§ I et I a au sujet de l'arme-
« ment des forts, rend déjà cette question réellement plus
« facile à résoudre, à cause de la moindre variété et de la
« moins grande quantité de munitions qui doivent être
« mises à l'abri.

« Elle le sera bien davantage encore en utilisant comme
« locaux à l'épreuve l'espace situé sous l'emplacement des
« pièces ou sous d'autres installations qui sont déjà re-
« couvertes par des cuirasses, ou blindées d'autre manière,
« et en aménageant autant que possible, pour servir de
« magasins à munitions, l'espace libre à côté des bouches
« à feu et immédiatement sous les cuirasses. »

Le projet présenté a tenu compte des exigences ci-
dessus. Pour abriter la garnison d'artillerie, sous-officiers
et hommes ensemble, on trouvera un espace suffisant
dans la large allée qui entoure les substructions de la

tourelle, sous celle-ci même et dans la batterie cuirassée
L'infanterie, de son côté, sera convenablement logée dans
les locaux situés au-dessous de la batterie, et ménagés
dans le mur d'enceinte en béton. L'air et la lumière lui
arriveront par des fenêtres débouchant dans le passage
d'entrée et dans le mur de gorge, et qui, par conséquent,
ne feront courir aucun danger.

On fera usage de lits en fer, soit pour quatre hommes,
soit pour deux hommes, à deux étages comme dans les
forts français, que l'on repliera pendant le jour pour les
mettre de côté. De cette manière, les locaux ci-dessus
donneront de quoi coucher 80 hommes, sous-officiers et
hommes de troupe, et par suite la garnison totale peut
être fixée à 130 hommes.

Reste à loger un commandant, deux officiers, un méde-
cin ; à organiser un bureau télégraphique, des magasins
à vivres, un local pour faire la cuisine et le café. La
figure 4 montre comment on y a satisfait.

. Le corridor en avant des logements, muni de solides
pare-éclats en fer, l'allée autour de la coupole et les refuges, servent pendant le combat à abriter la garde et le
piquet. Les locaux sous la batterie cuirassée servent de
lieu de repos et d'ambulance.

Cela pourra paraître un peu étroit pour la destination
qu'on a en vue. Mais on ne doit pas oublier que des frais
énormes deviendront désormais nécessaires pour mettre
des locaux à l'épreuve de la bombe, par suite de la puissance des feux verticaux, déjà si redoutable, et qui est
encore susceptible d'accroissement. Aussi, naturellement
convient-il de faire porter les premiers sacrifices sur le
confortable de l'habitation.

Du reste, on aura soin de relever régulièrement la garnison, d'évacuer les hommes qui ne sont que blessés légè-
rement, et de cette manière le séjour dans un fort ne sera
pas beaucoup plus désagréable que sur la plupart des na-
vires cuirassés.

Quant aux munitions, elles seront toutes confectionnées à l'avance. En outre des locaux qui leur sont affectés dans la construction principale à proximité immédiate de la coupole, on pourra utiliser, pour leur emmagasinement, les espaces libres sous l'avant cuirasse, sur la couronne en tôlerie qui supporte la toiture cuirassée, dans des niches réservées sur l'infrastructure de cette coupole, dans les piédroits des escaliers, des refuges et dans les piliers de la batterie cuirassée.

Les communications se feront à l'aide d'une passerelle abritée sous le passage d'entrée, lequel sera organisé comme une poterne de fossé plein d'eau.

Vu de l'extérieur, le fort ne présente guère qu'un parapet horizontal élevé de 6 m au-dessus de la campagne, puis en avant, un glacis bas. Pour éviter que par l'alignement de la batterie cuirassée et de la coupole, on ne recueille de l'extérieur des données sur la configuration du fort, on aura soin de le tracer dyssymétrique, c'est-à-dire de placer la coupole en dehors du milieu de sa longueur (fig. 2). Il ne faut toutefois pas attacher à cet artifice une valeur exagérée, car la fumée de la coupole ne tardera pas à trahir son emplacement.

Pour terminer, quelques mots sur les dimensions, les détails d'organisation et la dépense.

Sur la foi de renseignements confidentiels très dignes de confiance, et venus de l'étranger, concernant une commande en cours d'exécution, l'on a, dans le projet actuel, fixé à 25 cm l'épaisseur de la cuirasse (en fer forgé) de la coupole et celle de toutes les plaques horizontales, comme celles qui forment la couverture de la batterie cuirassée et des refuges.

Bien que, d'après la communication en question, on soit fondé à supposer que des plaques de cette épaisseur fourniraient une protection suffisante contre des obus-torpilles d'au moins 21 cm, on ne peut cependant pas s'y fier absolument. Pour cela, il faut faire des expériences sur la totalité, ou sur une fraction assez étendue d'une toiture cuirassée. Il ne faut pas y aller de confiance dans la question des cuirassements. Presque toutes les fois que j'ai eu l'occasion, avec les officiers que j'ai déjà cités, d'assister à des expériences multiples et variées, pour le service du Gouvernement, je les ai vues conduire aux résultats les plus inattendus, et aux surprises les moins agréables.

Si donc nous devons, nous aussi, songer à employer des cuirassements dans l'ordre d'idées du projet, et sur une échelle quelque peu étendue, et qu'il faille par conséquent nous attendre à des dépenses considérables, il sera essentiel, avant de passer à l'exécution, de faire des expériences du genre de celle mentionnée ci-dessus, quoiqu'elles ne laisseront pas de coûter déjà assez cher.

Il faudra de même des essais pour fournir à des questions d'ordre secondaire une réponse que les expériences de Bucharest n'ont pu donner, principalement à cause des grandes différences d'organisation entre les coupoles qui y figurèrent et celle indiquée dans notre projet.

Ces questions d'ordre secondaire sont les suivantes :

D'abord, la manière d'appuyer le bord de la toiture, et de la relier avec l'infrastructure en tôlerie qui repose directement sur les galets; puis la liaison mutuelle des plaques massives qui constituent la toiture, dont le nombre, dans les nouveaux projets, est descendu de six, comme dans la coupole Schumann de Bucharest, à trois seulement. Ces trois plaques se juxtaposent simplement suivant deux cordes parallèles, avec ou sans interposition de goujons en acier ou autres pièces destinées à empêcher les déplacements relatifs des surfaces de contact. Ensuite, le choix du métal, fer forgé ou compound, ce qui est aussi une affaire d'argent. Enfin, la convenance d'adopter une couronne en tôlerie de hauteur moindre, et de modifier en conséquence les affûts, suivant la proposition du capitaine Scherer. Il y a lieu de voir s'il n'y a pas là matière à une simplification et à une réduction de la dépense qu'exigent les autres projets.

Les expériences que l'on exécutera sur les toitures des coupoles cuirassées fourniront probablement aussi des indications suffisantes sur la disposition à donner à la batterie cuirassée.

Il faut ensuite chercher la constitution et l'épaisseur à donner aux toitures horizontales, en béton et fer, pour qu'elles résistent suffisamment aux feux verticaux; voir s'il ne suffit pas d'employer du béton seul ou bien recouvert d'acier doux (*Flusseisen*), de basalte, etc.; quelle épaisseur il faut donner aux piédroits en béton, à quelle profondeur il faut les faire descendre sous le sol pour mettre les locaux intérieurs à l'abri des effets explosifs; quels matériaux on devra employer pour renforcer les parties en terre non recouvertes, que l'on veut conserver le plus longtemps possible à la circulation (fig. 2, 5, 6, 7 et 8).

Lorsque toutes ces questions auront été résolues, alors, mais seulement alors, on pourra passer au détail du projet que nous présentons. Il ne restera plus d'éléments dont la convenance n'ait pas été démontrée; qu'il s'agisse de l'organisation des coupoles, des batteries cuirassées fixes, et de l'emploi du béton soit à la construction de locaux à peu près entièrement à l'épreuve, soit, ce qui est le plus important, à l'établissement de positions de combat résistant jusqu'aux derniers moments de la lutte.

Pour faire un état estimatif de la construction de notre projet, on a admis les épaisseurs ci-après pour les plaques d'embrasure de la batterie cuirassée.

Pour le vestibule immédiatement en arrière de l'avant-cuirasse de la coupole, et pour la partie postérieure de la batterie, 10 cm seulement. Ces plaques n'ont en effet à redouter que le feu d'un ennemi qui aurait réussi à s'introduire dans les intervalles des forts, et même jusqu'à leur gorge; pas de feux d'artillerie, par conséquent.

Dans la batterie proprement dite, sur les flancs de la batterie cuirassée, 25 cm.

Une batterie d'attaque ennemie qui réussirait, ce qui est peu probable, à se placer à 1 500 m en avant d'un des forts adjacents, sur la capitale, n'atteindrait encore ces plaques que sous un angle de 46° mesuré dans un plan horizontal, tandis que, d'un autre côté, ces plaques sont inclinées à peu près du même angle sur l'horizon. Il faut ajouter qu'aux distances où l'ennemi pourrait tirer avec quelque efficacité contre ce cuirassement, il ne peut l'apercevoir sans trop se rapprocher de la ligne des forts.

On a donné une très grande résistance aux pare-éclats en treillis, qui remplacent en partie les murs de clôture de la construction principale et des refuges, et que l'on peut, en outre, organiser de manière à flanquer l'entrée de la batterie cuirassée et à donner des feux en arrière de la gorge du fort. Quant aux issues, elles sont fermées par des portes à coulisse en acier.

Les locaux non cuirassés de la construction principale sont recouverts par une charpente en poutres de fer dont les ailes inférieures portent des plaques de tôle cintrées, par-dessus lesquelles est une couche de béton.

Les dimensions de la construction en béton sont suffisamment indiquées sur le dessin. On a supposé du béton de ciment très riche ; il est toutefois permis de supposer qu'il n'est pas partout nécessaire d'employer une matière aussi coûteuse, et qu'en bien des parties de la construction on pourra se contenter de béton plus ordinaire et moins coûteux. Tels sont, par exemple, la façade postérieure du bâtiment, les murs de face de la batterie et les maçonneries des refuges. Ces divers éléments, sinon en totalité, du moins en partie, n'ont à craindre que des feux verticaux, et échapperont jusqu'à la fin à la vue des points extérieurs au cercle des ouvrages. On peut y ajouter les fondations, les piédroits, etc.

Avec les dimensions ci-dessus, et en prenant pour prix

élémentaires ceux qui résultent de l'expérience des dernières années, on peut faire un état estimatif assez exact.

Un fort, conforme au projet présenté, ne peut guère être évalué au-dessus de 400 000 florins (860 000 fr.), sans compter l'armement ni l'acquisition du terrain.

En comparant ce prix à celui des forts d'armement à peu près égal, construits dans ces dernières années, on trouvera qu'il n'a rien d'exagéré, et que même il n'est pas élevé, si l'on tient compte de l'accroissement énorme de résistance.

Il faut dire, d'un autre côté, que si l'on appliquait ce système à des terrains facilement accessibles, il faudrait absolument réduire les intervalles des forts, et par suite, dans un cas donné, les frais d'établissement d'une chaîne ou d'un groupe de forts augmenteraient en proportion.

Mais si l'on compare la résistance d'une chaîne de forts du modèle proposé en face de l'artillerie actuelle, si puissante, avec celle des forts existants en présence de l'artillerie qui existait lors de leur construction, on s'aperçoit que l'on a réalisé un progrès considérable, et que les ouvrages que nous proposons sont moins faciles à prendre. Devant les forts anciens, on pouvait employer des projectiles et de l'artillerie de siège quelconques; il n'en sera pas du tout de même contre les forts cuirassés; par suite, il y aura bien plus de chances pour que le défenseur les conserve longtemps en sa possession.

Ensuite, et c'est là précisément une conséquence de l'emploi des cuirassements, une chaîne de forts du genre du nôtre se comportera bien mieux, en face d'une attaque de vive force, que la plus grande partie de ceux qui existent actuellement. Les cuirassements formeront dans chaque ouvrage un réduit imprenable, un noyau inaccessible. Lors d'un assaut, le défenseur n'a qu'à s'y abriter, pour que toutes les parties flanquantes des batteries voisines puissent y faire converger un feu violent de shrapnels. Si, malgré tout, l'ennemi réussissait à s'emparer de l'ouvrage, le feu des batteries voisines et des forts adjacents ne lui permettrait pas de s'y maintenir plus longtemps dans un monceau de décombres.

Des forts de ce genre peuvent être considérés à bon droit comme des points d'appui inébranlables en face de la tactique préconisée de divers côtés dans ces derniers temps. Elle se résume, on le sait, à semer la démoralisation à l'aide des projectiles-torpilles, et à recourir à un assaut pour abréger l'attaque des fortifications permanentes.

La figure 1 fait voir comment, en combinant les forts proposés avec les défenses accessoires, on peut organiser une ligne qui résiste à une pareille tactique, dans un terrain encore assez élevé.

En terminant cette étude, je remercie les capitaines F. G. A. Scherer et C. J. Snijders des indications qu'ils ont bien voulu me fournir, et des critiques utiles qu'ils ne m'ont pas épargnées.

Nancy, impr. Berger-Levrault et Cie.

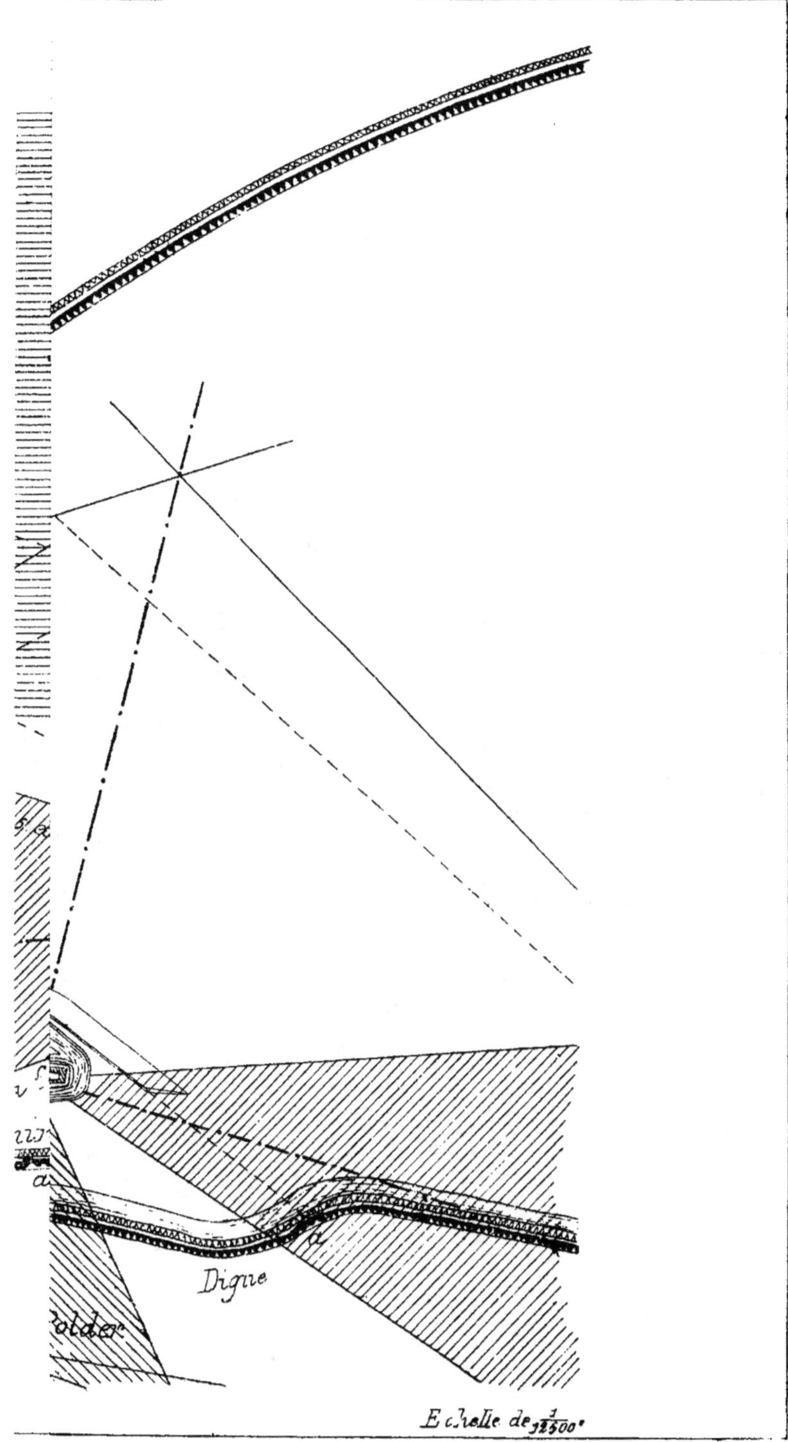

Planche. I.
Polder
Digue
Echelle de 1/12500.

PROJET DE FORT SATISFAISANT AUX EXIGENCES ACTUELLES (1887)

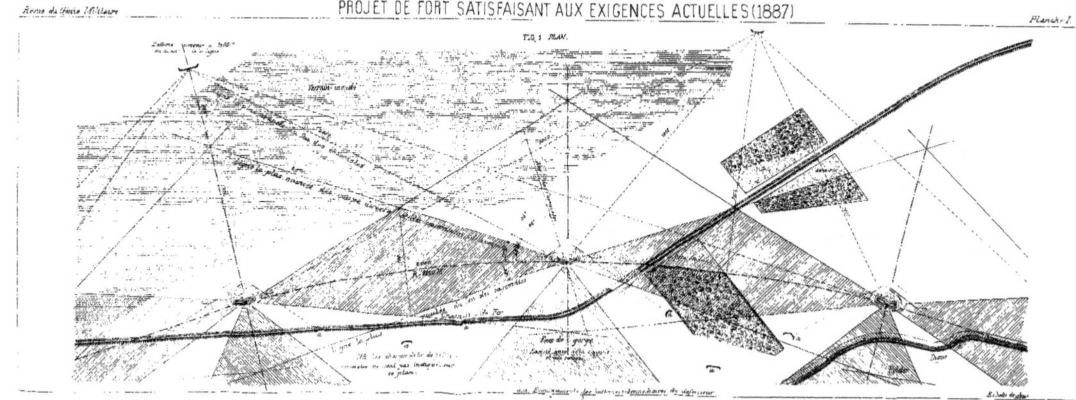

Réseau de Fil de Fer
Glacis
Direction passant par un point à 1000^m
en avant du fort adjacent
Echelle de $\frac{1}{500^e}$

PROJET DE FORT SATISFAISANT AUX EXIGENCES ACTUELLES (1887)

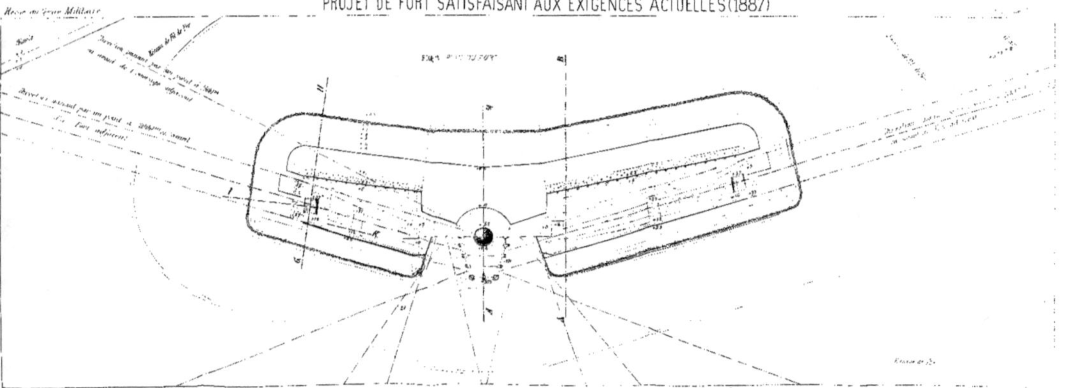

F

(Fig. 4)

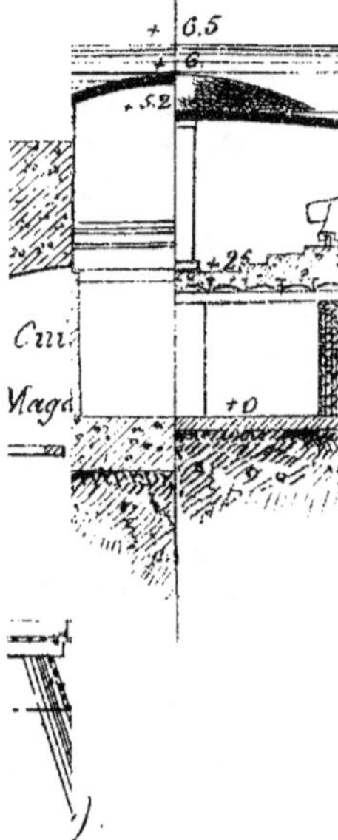

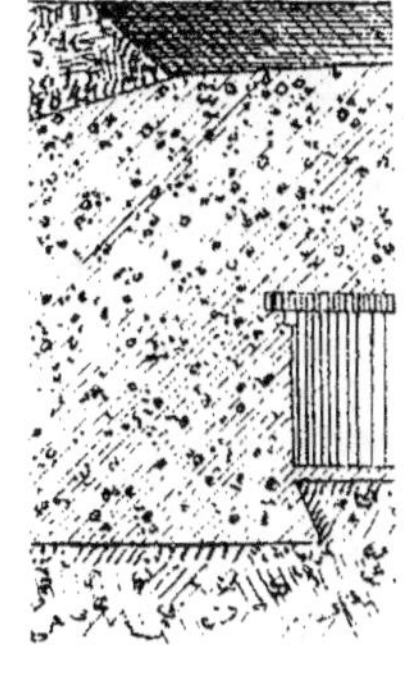

PROJET DE FORT SATISFAISANT AUX EXIGENCES ACTUELLES (1887)

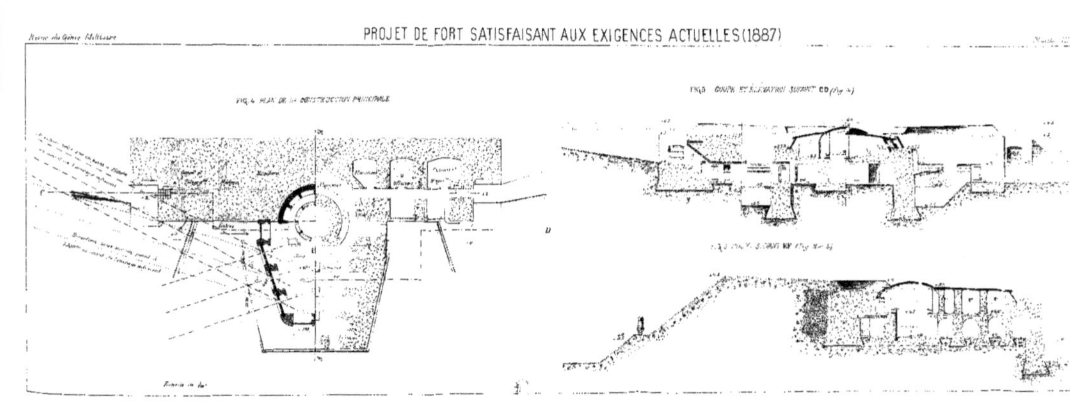

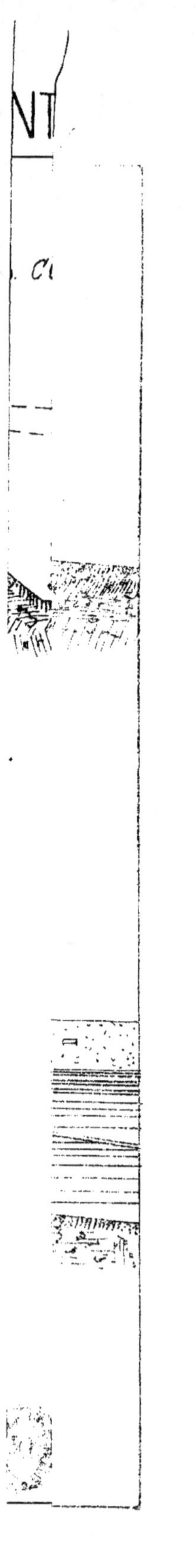

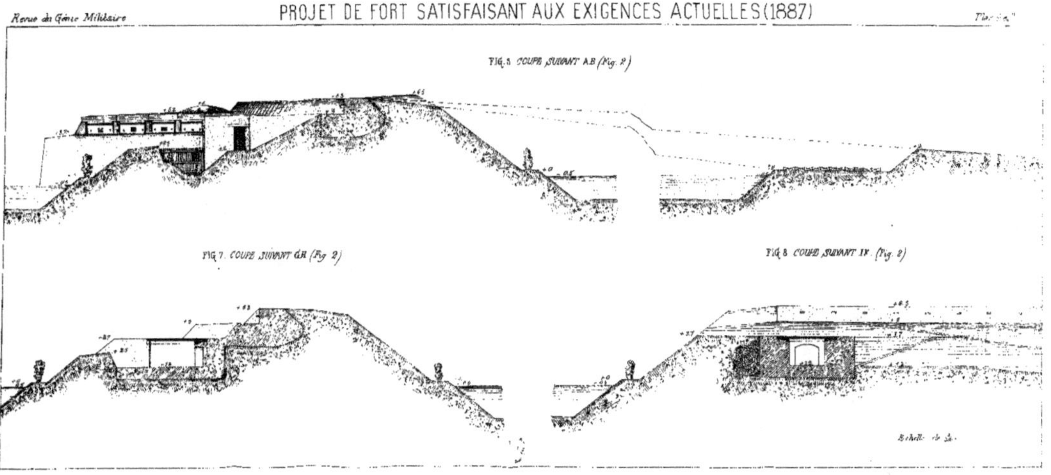
FIG. 6. COUPE SUIVANT AB (Fig. 2)
FIG. 7. COUPE SUIVANT CD (Fig. 2)
FIG. 8. COUPE SUIVANT EF (Fig. 2)
Echelle de ...

www.ingramcontent.com/pod-product-compliance
Lightning Source LLC
LaVergne TN
LVHW021705170726

843501LV00007B/2686